1, 2, 3

Découvre ton métier !

Par Josée Lavoie

*À Mom et Dad, qui m'ont toujours
encouragée à poursuivre mes rêves.*

© 2022 par Josée Lavoie

Tous les droits sont réservés. La traduction ou la reproduction de tout extrait de ce livre de quelque manière que ce soit, électroniquement ou mécaniquement et, plus particulièrement, par photocopie et/ou microfilm, est interdite.

123 Découvre ton métier !
© Texte de Josée Lavoie. 2022
© Illustrations de Josée Lavoie. 2022

Publié par Josée Lavoie

HeyJosee.com

ISBN :
978-1-7781934-3-9 (Livre de poche)
978-1-990829-00-0 (Couverture rigide)
978-1-990829-01-7 (Livre numérique)

Première édition, 2022

Quand tu grandiras, tu pourrais devenir dentiste, facteur ou même athlète !

Apprends les chiffres de

et découvre ce que tu pourrais devenir !

Vivian la ventriloque fait parler **une** marionnette.

Steve le serveur apporte **deux** milkshakes.

Marco le magicien fait apparaître **trois** colombes.

Carol la crocheteuse fabrique **quatre** mitaines.

5

Patrick le pâtissier a fait **cinq** macarons.

Cameron le travailleur de la construction place **six** cônes.

Fiona la fermière
récolte **sept** carottes.

Xander le xylophoniste joue **huit** touches.

Stella la scientifique étudie **neuf** papillons.

Alice l'astronaute voit **dix** étoiles.

10

Maintenant tu connais tes chiffres de 1 à 10

As-tu découvert ce que tu voudrais devenir ?

www.ingramcontent.com/pod-product-compliance
Lightning Source LLC
Chambersburg PA
CBHW041541040426
42446CB00002B/188